CB123819

doce
azedo
amaro

theo
g.
alves

doce
azedo
amaro

MOINHOS

© Moinhos, 2018.
© Theo G. Alves, 2018.

Edição:
Camila Araujo
Nathan Matos

Assistente Editorial:
Sérgio Ricardo

Revisão:
LiteraturaBr Editorial

Capa, Diagramação e Projeto Gráfico:
LiteraturaBr Editorial

Impressão:
Offset Gráfica e Editora

1ª edição, Belo Horizonte, 2018.

Nesta edição, respeitou-se o novo
Acordo Ortográfico da Língua Portuguesa.

Dados Internacionais de Catalogação na Publicação (CIP) de acordo com ISBD

A474d
Alves, Theo

Doce azedo amaro | Theo Alves.
Belo Horizonte : Moinhos, 2018.
94 p. : 14cm x 21cm.
ISBN: 978-85-9257-711-1
1. Literatura brasileira. 2. Poesia. I. Título.
2018-403

CDD 869.1
CDU 821.134.3(81)-1

Elaborado por Odilio Hilario Moreira Junior — CRB-8/9949

Índice para catálogo sistemático:
1. Literatura brasileira : Poesia 869.1
2. Literatura brasileira : Poesia 821.134.3(81)-1

Todos os direitos desta edição reservados à
Editora Moinhos
editoramoinhos.com.br
contato@editoramoinhos.com.br
Belo Horizonte — MG

sumário

"dulce como una voz.
o como un lirio."

garcía lorca, el canto de la miel

para tatiana morais,
cujos lírios e voz adoçaram meu caminho.

a todos que tornaram possível o pão deste livro,
em especial a marcelo morais e antonio josé, marinho e lela.

para que guiga e nanda lembrem-se deste livro.

DOCE AZEDO AMARO: GOSTO EM POESIA

Escrever sobre o trabalho de Theo G. Alves pode soar fácil. Mas não é. Recearia parecer excessivo, a ponto de trazer a desconfiança de buscar encobrir obra de qualidade duvidosa. Não teria, por outro lado, como restringir-me à discrição, quando, em Theo, enxergo uma das mais talentosas e sólidas vozes poéticas da contemporaneidade. E dispenso limitações geográficas. Eis aí o embargo quase paralisante.

A avaliação de um livro, certamente, passa pelo diálogo entre autor, leitor e texto. E, obviamente, evoca todas as circunstâncias que, do passado ao momento (da criação, para quem escreve; da apreensão, para quem lê), possam influenciar o produto dessa equação. Quando se trata de poesia, todas as coordenadas são postas em realce, porque se está em ambiente onde a provocação não pode recair no morno, no mediano. A reação há de falar à pele, aos instintos, antes até de chegar à razão.

Pois bem. É sedutor o poder de transmutação da poesia, essa alquimia, que transforma a palavra fria em um prisma de imagens possíveis para o leitor, para o ouvinte. Essa faísca, que anima imagens e produz as mais fundas reações em quem as recebe. Um bom poema se evola do papel e pode convolar-se em experiência definitiva e inesquecível – por apresentar um universo inédito ou por recriar capítulos de vida, encenando e justificando erros, acertos, queda e voo do leitor.

O maravilhamento vem do ineditismo das construções, das associações, tão originais, que somente ao gênio são possíveis, da delicadeza tal e tamanha, que logo passa à mais rascante brutalidade. Confirma-se na criação de estado poético em quem se depara com o poema de qualidade, com o poema no qual os sentidos, as coisas, os fatos recebem nomeação a mais surpreendente, embora não se perca de cada qual a identidade e a consciência.

São esses os Poetas (com letra maiúscula), senhores da linguagem que, sem abandono da técnica, do ritmo e da música, conseguem explodir revoluções em versos – desde sempre (sente-se, percebe-se, sabe-se) prontos dentro deles. Vasta, rica é a saga humana que esses sopradores de divindade revelam.

Liberdade exorbitante gera insegurança (trago de Bauman esta advertência). O campo aberto da poesia contemporânea é um desafio para o poeta. Impõe-lhe a dificuldade de não tombar nos modelos mais fáceis, em armadilhas de comodismo e decalque. A despeito de a poesia contemporânea abandonar escolas, vetores, moldes e amarras, parece que a iconoclastia, o emprego de imagens planas, extraídas das nebulosas de informações que preenchem nosso tempo, a síntese, o emprestar e o mesclar do fantástico à realidade são pontos presentes na melhor produção poética do pós-modernismo.

A poesia de Theo G. Alves reúne o que há de mais valioso em tudo o quanto disse. O poeta, nascido em 1980, em Natal, mas criado em Currais Novos, sempre no Rio Grande do Norte, professor de literatura, publicou *A casa miúda*, contos, *Loa de pedra*, *Pequeno manual prático de coisas inúteis* e *A máquina de avessar os dias*, poemas, além de integrar as coletâneas *Tamborete* e *Triacanto*. Apresenta-nos, agora, *doce azedo amaro*.

Ainda escava, neste livro, com determinação e sabedoria, o recôndito. Fala de si, mas descobre e decifra o mundo com o que há de mais telúrico e com o que há de mais mágico. Não por acaso, creio, abre a primeira parte do livro, *amaro*, evocando Dom Quixote: explora a dicotomia que nos enuncia – homens de barro, plenos de falibilidade ou heróis de mármore, protótipos ideais.

São pungentes as personagens de Theo. Refletem e oferecem aprendizado. O Messias parte para o deserto, onde toda intimidade vem à tona. Deus feito homem busca, ali, a compreensão e a purga de seus medos, mas, enquanto homem, continuará fugindo, só e despido. Sim, os cortes estão nos destinos de todos. Sidarta hesita entre os extremos do desejo e do perfume das flores e sabe que a culpa, correlata ao que se põe como pecado, revela-se no íntimo do homem nu. Yossel toma a palavra como salvação. Ovelhas e tigres – lã e dentes – convivem no universo de contrastes que tão bem Theo apreende e imprime ("antes de haver / a poesia / só / silêncio / e / barulho").

Não se foge do que, na vida, é *amaro*: "sobre a terra / tantas vezes pisada / sobre o doce / ainda vivo / das goiabas maduras / em casa / de minha avó / sobre o amargo / sempre sufocante / das rosas em meu peito". Rosas e goiabas são, a um só tempo, natureza morta e viva, capazes de animar o granito pela poesia.

Poetas e leitores se traduzem na poesia: "o verbo feito carne / é o corpo do poeta – / o calvário deste cristo é / seu poema". O poema passa da amargura ao que é azedo, liricamente *Azedo*: "o coração / de espuma tácita e / de bruta pedra fraturada // na alma / deste espantalho / senão / singelas esperanças / de amor".

No entanto, o que se ameaça acre está pontuado de esperança. O poeta tem, como se comprovará, o poder de multiplicar sabores e dirá de amigos de outros tempos que retornam. Nesses poemas, a música, quem sabe, preencherá o mundo e a hera crescerá como o esquecimento salvífico, um dia pode chegar ao fim e o tempo escorrerá, mas não a dor que planta no sangue. A insônia vem imersa em delicadezas e armada de tenazes.

Theo recorre ao extremo das imagens para sugerir o que apenas o leitor poderá afirmar. A emoção salta dos poemas e, afirmo, cumprirá o que da arte se espera. Estamos diante de poesia repleta de inscritos silêncios, mas que, enganosos, reverberam em alta vociferação. É assim que as mais marcantes memórias e experiências abraçarão o leitor.

Em *doce*, terceira e última parte da obra, a recorrente imagem da avó faz a anunciação. O lirismo, aqui, não se afoga no corriqueiro, no açucarado das abusadas palavras poéticas. Não. Jean Genet e André Gide se reúnem a Quixote: "o que há de mais / belo em teu desenho / dulcineia / são os olhos do quixote – / a insensatez / do amor / e da esperança".

O belíssimo poema "Cantada", entre os últimos do livro, reúne as feições que tanto encantam e impressionam na escrita de Theo G. Alves:

CANTADA

à maneira de ferreira gullar.
para tatiana

você é mais bonita
            que uma noite de junho
em currais novos.

mais bonita
que todas as noites de junho,
aliás.

você é mais bonita
que os faróis dos carros
à noitinha
vistos do alto,
seguindo em procissão.

mais bonita até
que os devaneios de dom quixote
adoecido de amor e loucura.

você é mais bonita
que as goiabas maduras
e seus perfumes
paradisíacos.

mais bonita
que a tristeza dos palhaços
e
que uma improvisação de charlie parker
tocada bem alto
enquanto se anda pela rua
num domingo de
manhã.

você é mais bonita
que o sofrimento delicado
de billie holiday
cantando in my solitude.

você é infinitamente mais bonita
infinitamente mais bonita
que este poema
e
que as lembranças dos avós
que já morreram.

Com perícia, Theo G. Alves dá corpo, em cada poema, à abstração das palavras, revelando seu espectro efetivamente ilimitado para cada um de nós. Reitero: oferece ao leitor, imerso em sensações extremas, na jornada entre o amargo e o doce, retorno ou caminho para seus próprios erros, acertos, quedas e voo.

Os limites do cabível para um prefácio não permitem a análise ideal da arte e da obra deste poeta que, agora, descreve partes da experiência humana com gosto (sentido e substantivo; metáfora e adjetivo): sinestesias que transitam entre a língua (órgão) e a linguagem (instrumento bélico de comunicação).

Sobra o receio de não apresentar este livro ímpar com a merecida competência. Melhores vozes extrairão seu amplo valor. Talvez seja menos desafiador dizer de poucos cactos, perdidos na desolação do deserto, do que concentrar a atenção na multiplicidade de formas, espécies e sons da floresta tropical. Nesta mesma diversidade pulsante, que encontro em *doce azedo amaro*, ao menos uma pedra está no meu caminho e sua mensagem é, como de sua essência, maciça e irrecusável: Theo é Poeta (com letra maiúscula)!

Alberto Bresciani

amaro

"el tiempo no rehace lo que perdemos;
la eternidad lo guarda para la gloria
y también para el fuego."

jorge luis borges, el aleph.

quixote

o herói caído
entre sangue
e fezes de seu cavalo.

menos herói que
homem
envolto na fúria de seus inimigos
em sua voracidade.

o homem sorri
o herói lembra-se do
futuro:
dulcineia não está morta
e seu rocim é ainda
impávido.

só o homem foi relegado
ao chão
– o herói é vivo sempre.

messias

sozinho
ele está despido
no deserto

escreveu seu coração
na areia
para não carregar a angústia
pétrea de seu medo
até os últimos dias

quando o povo vier ao seu encontro
ele fugirá
para mais longe ainda
continuará despido e
só

sozinho
ele estará despido
no deserto

ensaio sobre fotografia de duane michals

este corpo –
que se estende para depois –
esta escuridão –
perene

corte preciso –
inexato

que não para
de irromper jamais.

qual sidarta

nu –
sob a sombra das árvores
qual sidarta –
interroguei o desejo
e os perfumes
de flores silvestres

nu –
sob a sombra das árvores
qual sidarta –
silenciei meu corpo
e a fome
de meus dias

nu –
sob a sombra das árvores
qual sidarta –
puni minha carne
embora ansiasse já
por novo pecado.

yossel rakover

para zvi kolitz

yossel
filho de yossel
viu por entre os véus
que a guerra
lhe encravara na face
de deus a face
por entre os véus

yossel
filho de yossel
e pai de seus filhos
lavrados pela espada
disse palavras
duras e
belas como a torá

yossel
descendente de moisés
viu por entre os véus a face
revelada de deus
e assim preferiu
a palavra
em lugar do rosto esperado

atávico

ainda percebo
o grito de abel e a fúria de caim
ao fechar olhos e ouvidos –
ainda estão em mim
os estigmas do cristo
e a dureza e a doçura
das palavras de maomé

dorme ainda em meus braços
o filho de ester e a palavra ausente
no verso de dante –
ainda estão em mim
os humores do soldado inimigo
e a loucura
das cartas de claudel

esta criança que liberta em mim seu soluço
sou eu
diante do espelho
e carrego os sem-nome do mundo
minha ausência de credo
nesta musculatura
cansada e finita

estes braços que empurram
o relógio do tempo
a dizerem que sou o último e o primeiro
homem
e todos entre estes
– de adão a esta criança pagã –
estou no tempo
antes e depois de tudo.

guardador de rebanhos

o pastor amoroso perdeu seu cajado, e as ovelhas
[tresmalharam-se pela encosta
alberto caeiro

minhas ovelhas
perderam-se todas – velocidade
extenuante a correrem
pelas encostas

minhas ovelhas
já eu não as vejo – nem elas
esperam mais pela voz
de minha flauta

minhas ovelhas
já eu não as guio – distantes
de meu cajado e de meus
comandos

minhas ovelhas
perderam-se todas – nos prados
quando distraído eu
perdi-me delas.

tigre

os dentes frouxos
do animal sanguinário
sedento
abatido:
as veias secas
vertidas em chão de terra quente

os dentes frouxos
do animal banhado de morte
perdidos da carne alheia
para os tempos futuros
cada dente destituído
é um verbo esquecido de fome

os dentes frouxos
deste poema ensanguentado:
disléxico
atonal
e amargo.

antes de haver a poesia

antes de haver
a poesia
o uivo ancestral dos cães
os passos metálicos dos gatos
a vidraça pedra estilhaçada enquanto correm os calcanhares
dos meninos rua abaixo
e ninguém viu nada

antes de haver
a poesia
o ganido arfante de um velho
o gemido mouco da puta que lhe toma uns tostões
o uivo
o grito
o silvo
as raízes fracas dos pés de manjericão
afundadas sob a terra:
só perfume/nenhum som

antes de haver
a poesia
a cantiga de roda
a boneca que bate palmas
o choro do irmão
o ronco do tio
o tilintar dos garfos de cabos plásticos
em pratos de ágata
sofridos surrados cerzidos pelo tempo

a avó adormecida na rede
o sonho amarfanhado
como notas miúdas no bolso bêbado
do homem sem futuro

antes de haver
a poesia
o mito
o trágico
o eco
o drama
a sinopse
a hipótese
o clown
o take
o fade
in/out
o reverso
o nervo
dormente

antes de haver
a poesia
o álbum de retratos
o pé de goiaba carregado
os banhos de mangueira
a areia do rio
a roda de meninos a correr sob a chuva
a chuva
a chuva
a chuva
as cinzas da fogueira de são joão

a tesoura aberta jogada à rua
o chão riscado à faca
a chuva
a chuva
a chuva
à noitinha

antes de haver
a poesia
o estampido
o soco
o tiro
o bumbo
o braço
o golpe
a faca
a foice
a cana
a cama
a cama
a cama
sempre a cama

antes de haver
a poesia
o copo quebrado
o corpo esgarçado
a queda do clero
o grito de guerra
o grito de horror
o grito de dor
o grito abafado

antes de haver
a poesia
só
silêncio
e
barulho.

amargo

amargo o sabor
que corrói
a língua
e devasta
toda boca

amargo o sabor
que não vem
do fel
ou do azedume
da febre

amargo o sabor
que é um tantinho mais
que esquecimento
e solidão.

à espera

ávido, espero
o decreto de meu último
silêncio – perene,
infindável

ávido, espero
o minuto exato em que a boca
não necessite dizer
nova palavra

ávido, espero
a hora em que toda palavra dita
tenha a displicência das
auroras sem moldura

os tigres de papel

o meu poeta
é um menino que
recorta tigres de papel –
sempre a aparar arestas
que geram
arestas – e as apara
apara-as muitas vezes –
vê-las surgir
sempre

o meu poeta
é um menino que
amputa versos –
como quem arrancasse as patas
de seu tigre de papel –
sempre a aparar arestas
que geram
arestas – e as apara
apara-as muitas vezes

o meu poeta
é um menino
sempre a aparar arestas
que geram
arestas – e as apara
apara-as muitas vezes –
até ver surgir
seu tigre ínfimo
quase impossível.

estratagema

hoje
um poema ameaçou
nascer em
mim

mas
o rejeitei.

hoje
um poema tentou
brotar em
mim
como uma flor preta
no asfalto

mas
o rejeitei.

o poema
hoje
armou armadilhas verbais
e
esperou
candidamente para que eu caísse
nelas

esquivei-me.

o poema
hoje
cercou-me e engendrou paredes
ao meu
redor:
pedras concreto tijolos e os excrementos de rocinante

derrubei-as.

e
enquanto eu lutava
uma palavra me sequestrou
sem respeitar
minhas mãos crispadas
nem meus
dentes travados

e
enquanto eu lutava
uma palavra arrebatou-me
violenta
e emprenhou
este poema
em
mim.

porque
"a poesia quando chega
não respeita nada"
nem
minhas saudades
nem

os últimos dias
de outubro
menos
ainda o meu silêncio.

da criação

um verso
me faz sangrar as narinas –
o poema
é sempre uma violência

um verso
me arrebata e me governa –
o poema
é sempre uma bastilha tomada

um verso
quebra os ossos de quem amo –
o poema
é sempre alguma culpa

um verso
me encarcera para sempre –
o poema
é sempre a pena irrevogável.

o poeta feito carne

é a palavra um dom
aos pés do poeta –
como é um deus
a honraria de um cristo

um dom que não se quer
e não abandona
o corpo santo
ainda que o martírio
e o pecado
não o abandonem

um dom rejeitado
que vigora com o peso
de uma antiga profecia

o verbo feito carne
é o corpo do poeta –
o calvário deste cristo é
seu poema.

azedo

"even the world has a body."

leonard cohen, beautiful losers.

o espantalho

meus pés
moldados em antigo e duro
barro

as mãos
daninhas a se espalharem
por meus/teus
braços

a cabeça
rodeada de fantasmas e
as costas
arqueadas pela dor

o coração
de espuma tácita e
de bruta pedra fraturada

na alma
deste espantalho
senão
singelas esperanças
de amor.

invisível

senão
de silêncios empilhados
ou
de uma casa imaterial
é feito
o homem que entalha estes versos?

senão
de ausências artesanais
ou
de instruções para nada
é feito
o homem que entalha estes versos?

do nome
de um fantasma
do couro
de uma montanha

de quê –
senão de ausência –
são feitos os versos que entalham este homem?

canção para o fim do dia

ao fim do dia
talvez
nenhum de nós
esteja vivo

e deitados sobre nossos corpos
descansará a musculatura breve
destas armadas viris
delicadamente adormecidas

ao fim do dia
talvez
os amigos de outro tempo
nos venham visitar

e acordados sobre nossos pés
os abraços e a flor de outro tempo –
a lembrança – sejam
os novos e afetuosos presentes

ao fim do dia
talvez
a música soe alta
por todo o mundo

e a dançar sobre nossos dias
enfeitados de hera e esquecimento
estaremos todos de um
a outro lado

ao fim do dia
talvez
se o dia
chegar ao fim.

faz tanto tempo

hoje faz tanto tempo
– meu corpo
e minha memória
já não recordam exatamente

não sei ao certo se àquele dia
senti o desejo de morrer ou
morri deveras

hoje faz tanto tempo
– meu corpo
e minha memória
já não recordam exatamente

minha lembrança me trai
meus dias me violentam – hoje
faz tanto tempo.

daninhas

minhas mãos
estendem a lira de meus braços

minhas mãos
recriam as linhas de teu corpo

daninhas
minhas mãos
fenecem tudo a que devotam
meus músculos
meus sussurros

estendidos –
meus braços
corpo crucificado de meu
desejo
corpo crucificado de minhas
mãos
daninhas.

a eternidade

segundos antes
de
ser abatido
o animal compreende que
morrerá

segundos antes
de
ser abatido
a angústia enrijece seus
músculos

enquanto
o homem que maneja o bastão
destroça
o bem maior
de sua natureza
animal:

não a vida
– perfumaria do corpo –
mas a
eternidade.

construo silêncios

construo
silêncios
sobre
boa fundação

de paredes tão
rijas
quanto o braço
de um dia

de chão calcado na
pura pedra bruta
e
restos de algodão mocó

de tendões
e
de ossos
forjado o telhado
desses silêncios

no fino metal das noites insone
no fino metal das vozes de um gato

o sexto dia

ao fim do amor
um resquício do sono de adão
adormece o corpo
lenta e delicadamente
a sonhar-se
deus.

quando
o amor recomeça
um resquício de adão
adormece o sono
e deus sonha-se
ainda uma vez
corpo.

o gosto do amor morto

morre devagar o amor
a perder-se como
quem julga saber os caminhos
e se perde.

morre de vagar o amor
– que sempre morre
que é sempre chumbo –
devagar
e sem sabor.

do tempo

sobre a terra
tantas vezes pisada
sobre o doce
ainda vivo
das goiabas maduras
em casa
de minha avó
sobre o amargo
sempre sufocante
das rosas em meu peito

os ponteiros jogados
de um
lado
e
outro
do chão

o dia é longo e o tempo
curto –
os pés que marcavam
a areia viva
do rio morto
nos tempos de menino
a coroa de heras
que enfeita minha cabeça
no cortejo
em que me guiam

os ponteiros abandonados
em um
lado
e
outro
da terra

estas horas
guardadas nas mãos postas
de um morto

estes anos
embalados nos braços leves
de uma criança.

por testemunha

quando deus morrer
já não quero estar aqui
por testemunha

quando de deus desabar
sua musculatura cansada
envelhecida

quando titubearem de deus
os passos hesitantes
breves

quando deus perder
em mim o abrigo que encontra
desolado

já não quero estar aqui
por testemunha –
nem por seu algoz.

calendários

meus calendários
perderam-se no tempo –
todos os dias
estão vencidos –
e já não sei quando
será amanhã ou
mesmo se hoje
acabará.

insônia

a casa
feita toda de silêncios
– uns gerânios perfumam
a casa
mas não devem durar

a noite
feita toda de silêncios
– uns abismos perfuram
o sono
e devem vencer o berço

a manhã
feita toda de silêncios
– uns rastros de sol perfuram
os olhos
e o corpo não sabe dormir.

piamente

entre a escuridão de sua cama
a criança dorme
a escuridão de seu sono
a lembrança de seu casulo
e sabe piamente
que não
morrerá.

entre a escuridão de sua cama
a criança acorda
a escuridão de seu dia
o esquecimento de seu casulo
e sabe piamente
que um dia
morrerá.

entre a escuridão de sua cama
a criança antiga tenta
mas sabe piamente
que não mais
esquecerá.

atambia

não a cura
nem a morte
mas o agridoce da espera
sustenta o corpo
do doente –
amaro de quem espera
e sabe
que vai morrer
doce de quem espera
e sabe
que se morre um dia
assim
sem medo.

cólera

amarga é a cólera
que enche os dentes
do ódio mais puro –
transborda da boca
amarga e febril

amarga é a cólera
que enche as garras
da ardência mais crua –
transborda das mãos
que rasgam o corpo

amarga é a cólera
impiedosa
e acerba.

o amor ao acaso

o amor
feito todo de silêncios
– uma navalha deitada
na língua
logo perderá a boca

o corpo
feito todo de silêncios
– uns esquecimentos precedem
o adeus
que nem mesmo será dito.

sete dias

quando
inventei esta cidade
quis
dar a ela
ruas como artérias
avenidas como intestinos
prédios e ossos
como músculos e casas

inventei para ela
também
uma alma ancestral e mítica

agora
vejo-a, mas não
a reconheço:

a cidade apartada de
mim.

o amor infeliz

ele não recebeu
os beijos que curaram seus pés

o outro não aceitou
as esmolas que seu homem amealhou

o amor preterido –
menor que o gesto
ou o corpo –
mas não menor que
sua própria dor.

este aceno

este aceno é
a última veia de meu corpo
que te deixo –
relegada
breve
apartada de mim – sem
as agruras das despedidas – sem
meus últimos olhos
em teus últimos olhos

este aceno é
a última veia de meu corpo
que ainda
traz teu nome.

doce

"é que eu vivi tudo tão bonito
que só quero visitar lugares
que já estejam dentro de mim"

mia couto, na berma de nenhuma estrada

antigo

doce:
uma lembrança de infância
os beijos primeiros
e umas letras feitas todas
de espumas flutuantes

doce:
dos doces ao pé do
fogão e a colher de pau
raspava o tacho –
tudo era sabor e perfume

doce:
das primeiras letras
dos primeiros acordes
dos desejos primeiros
e dos primeiros corpos

doce:
o tempo de antes
que já não é agora

doce:
de doce de fruta de bolo quente
nascido das mãos de minha avó.

da infância

por trás das casas
o sol
incendiava seus vermelhos – todos
brincavam na rua de
terra seca e pés descalços –
o mundo inteiro
era feliz

eu
imaginava-me contente
assistindo ao espetáculo do
mundo pelo portão – enquanto
por trás das casas
o sol
incendiava seus vermelhos.

antes do tempo

reaberto estes dias
o baú em que guardei
meu tempo,
seus apetrechos.

esvaziado lentamente,
brotam de lá
uma distância,
minha avó
e uma caminhada em areia de rio.

aquém do tempo:
quando chorar não era triste,
era um jeito infantil
de beijar minha mãe.

uma canção da terra

sou a última pedra desta terra
no futuro
quando tornada pó
a última pedra

a primeira pedra
desta terra
também fui eu
seu primeiro batismo
seu primeiro esquecimento

ainda resistirei
sem propósito
sem nome que me sirva
tornado pó

e quando nada mais houver
destas terras
mortas
para sempre
estarei eu morto também

para sempre
para nunca mais
como a última pedra desta terra
tornada pó

também morta ela estará –
estaremos.

rosa de sarom

mel e leite estão debaixo de tua língua,
e o cheiro dos teus vestidos é como o cheiro do líbano.
cântico dos cânticos, de salomão

confortável é o calor
de teu corpo
e nele é meu
descanso

gigantesco é o desejo
de teu corpo e espírito
e neles há meu
labirinto

imortal é o véu
com que cobres o mundo
e nele é meu
segredo

doce é a boca tua –
rosa de sarom –
e nela é também
doce minha
boca.

poema para a mulher pecadora e jean genet

e beijava-lhe os pés e ungia-os com o bálsamo.
evangelho segundo lucas

ela beijou-lhe os pés
e o acariciou com seus cabelos –
o carinho de sua história
de seu caminho
da terra em que seus pés
deitaram-se um dia

ele saiu às ruas
e mendigou por seu homem –
o carinho de seu corpo
de sua abnegação
do desejo e de sua
humilhação

o amor vivo em cada gesto –
maior que o corpo
mesmo a alma –
o amor maior
que o próprio amor.

ménalque

a andré gide e seus frutos da terra

ménalque
doces são teus frutos
e os frutos que de sua boca
brotam
e vêm à terra

ménalque
doces são teus frutos
como nada será mais
doce
que os alimentos desta terra.

mãe de minha alma
bendición alvarado

esta mulher tornada santa
por decreto civil
é toda mulher
mãe tornada santa
a quem todo homem retorna
mesmo se não volta
– sempre a mãe de minha alma

esta mulher tornada santa
por decreto civil
– sempre a mãe de minha alma

à beleza

o que há de mais
belo em teu desenho
dulcineia
são os olhos do quixote –
a insensatez
do amor
e da esperança

e
quando revejo o quixote
senhora dama dulcineia del toboso
o que nele mais
me encanta
é o amor indestrutível
de tua presença.

a primeira manhã

há girassóis
sobre a mesa grande da sala de jantar.

teu corpo se move
pela casa inteira

os girassóis
acompanham teus passos e
concertam a música das manhãs
que inauguras

há girassóis
em frente à casa

e o mundo
é grande
e pequeno

como são
os peixes rio afora
os irmãos que foram à guerra
as meninas que recriam quintais
as imagens do pai em silêncio

há girassóis
sobre o peito do amado

e eles seguem
solenes
a tua dança
nesta manhã em que o mundo foi
outra vez
criado.

solar

para tatiana

abrem-se
as janelas
– não como as feridas
que sangram –

abrem-se
as janelas
ao sol feito à mão
em origami

abrem-se
as janelas
à dança que brota de
teus pés

abrem-se
as janelas
de dentro para fora
para dentro

solares:
tua voz
teu gesto
os dias
as geografias

solares:
teus movimentos
abrem as janelas por onde
a matéria de universo
orbita

e eu também.

presença

mesmo se palpável
a tua
ausência

não é real
a tua
falta

segue comigo
a tua
presença

nas ruas matinais
dos sábados
infantis

toca minha mão
a tua
mão

nas horas infinitas
de trabalho
brutal

nos caminhos tranquilos
da cidade
sonolenta

nas fraturas dolorosas
dos dias
miúdos

nas gavetas silenciosas
de confissões
antigas

nos livros estantes relógios muros árvores e
sinais de trânsito.

mesmo quando palpável
a tua ausência.

paisagens íntimas: o canavial

as mãos dadas e corríamos pelas veredas dos canaviais, crianças ligeiras sob a chuva, enquanto as folhas das varas de cana cortavam superficialmente nossas peles, nossa pele – carinhos e suas pequenas dores, sempre tão parecidos. corríamos por todo o canavial, as pernas e ombros miúdos lancinados pelas pétalas de cana. corríamos.

deitávamo-nos sobre a cama de terra escura, úmida, como nossos primeiros desejos, e sentíamos uma mão pegada a outra, pelo suor, pelas nesgas de sangue e pelo amor que brotava dos poros, mas que ainda desconheciam o furor do sêmen.

ofegávamos. nossos pequenos corpos e sorrisos realinhados em dores e abandonos grandes demais para corpos tão franzinos: agora encontrados, pertencidos. à nossa volta, o canavial erguia-se imenso e verde, como um mar vertical e profundo que nos devorava sem promessas de áfricas, que se balançava em ondas orquestradas de vento e barulhos.

cochilávamos, tua cabeça em meu ombro, criança abandonada a outra, minha mão sobre tuas costelas, como procurasse outra vez a completude do osso que me foi tirado para te fazer erguer-se. cochilávamos arrodeados dos marulhos da cana que crescia soberana por nosso sono, tranquilos de haver ali as imensas paredes desta fortaleza nossa, a que ainda não tínhamos dado nomes de amor.

cantada

à maneira de ferreira gullar.
para tatiana

você é mais bonita
que uma noite de junho
em currais novos.

mais bonita
que todas as noites de junho,
aliás.

você é mais bonita
que os faróis dos carros
à noitinha
vistos do alto,
seguindo em procissão.

mais bonita até
que os devaneios de dom quixote
adoecido de
amor e loucura.

você é mais bonita
que as goiabas maduras
e seus perfumes
paradisíacos.

mais bonita
que a tristeza dos palhaços

e
que uma improvisação de charlie parker
tocada bem alto
enquanto se anda pela rua
num domingo de
manhã.

você é mais bonita
que o sofrimento delicado
de billie holiday
cantando in my solitude.

você é infinitamente mais bonita
infinitamente mais bonita
que este poema
e
que as lembranças dos avós
que já morreram.

este silêncio

este silêncio
aquietado em mim
é
para que tua
presença
tome assento
como a água a descansar
no pote
antigo

este silêncio
aquietado em mim
é
para que teu
desejo
retome o rumo
de tua casa em mim
no futuro
breve

este silêncio
aquietado em mim
é
para que meu
corpo
não acorde a cidade
não quebre vidraças
nem assombre os animais às ruas

tão caudalosos
os movimentos de
meu corpo.

se o corpo de adão fosse um rio

para tatiana

se o corpo de adão
fosse um rio
fluindo tortuoso
entre suas costelas em pares,
o homem
naufragaria.

mas o corpo de adão
era um rio
fluindo tortuoso
entre suas costelas ímpares
para desaguar
no corpo de seu
mar/destino.

o corpo de adão
feito um rio
entre os deltas de seus músculos
e as margens de seus
flancos

o corpo de adão
feito um rio
violento e bonito
que não se pode conter de
cheio

o homem primeiro
como um
rio
de amor e volúpia
desaguado em
eva:

adão:
este é o nome pelo qual
eu
também responderei.

EDITORAMOINHOS.COM.BR

Este livro foi composto Adobe Garamond Pro, enquanto Chet Baker
e seu *Almost blue* prenchia o quarto branco cheio de livros,
em maio de 2018, para a Editora Moinhos.